A. SURUGUE

MIL HUIT CENT DOUZE
Les Français à Moscou

RELATION INÉDITE PUBLIÉE PAR LE
R. P. LIBERCIER
CURÉ DE SAINT-LOUIS DES FRANÇAIS

MOSCOU, Librairie F. TASTEVIN

Desclée, De Brouwer et Cie, Éditeurs
LILLE — PARIS — ROME
ES — ANVERS — MALINES — LIÈGE — BRUXELLES

OUVRAGES

PUBLIÉS PAR LE R. P. LIBERCIER

Pensées sur la mort, in-16 (Delh. et Briguet.)

Pensées morales et chrétiennes, in-16 elz. (Gruel.)

Méditations, extr. de Fénelon, in-16 elz. (Gruel.)

Le livre de 1re Communion in-16 elz. (Gruel.)

Paraphrase, de Massillon, 2 vol. in-18 (Saint-Augustin.)

Mois de Marie in-18. (Retaux.)

Chemin de Croix, réflexions, in-16 elz. (Gruel.)

Marie Mère de Jésus, illustré, 32 planches. (Gruel.)

Entretiens et avis (P. Lécuyer) in-12 elz (Lethielleux.)

Les Religieuses enseignantes (Mme de Maintenon.) in-24 allongé. (P. Téqui.)

En entrant dans le monde in-24 all. (P Téqui.)

A l'école de Jésus (F de Lamennais), in-24 allongé (P. Téqui).

L'Eucharistie (Bossuet), in-24 allongé (P. Téqui)

Elévations sur les mystères (Bossuet) in-12 elz. (Lethielleux).

L'Education des jeunes filles, in-12 (P. Téqui.)

---

form
LES FRANÇAIS A MOSCOU

L'ÉGLISE, LES ÉCOLES ET QUELQUES IMMEUBLES DE LA PAROISSE FRANÇAISE
(État actuel)

A. SURUGUE

MIL HUIT CENT DOUZE
Les Français à Moscou

RELATION INÉDITE PUBLIÉE PAR LE

R. P. LIBERCIER

CURÉ DE SAINT-LOUIS DES FRANÇAIS

MOSCOU, Librairie F. TASTEVIN

Desclée, De Brouwer et Cie, Éditeurs
LILLE — PARIS — ROME
BRUGES — ANVERS — MALINES — LIÈGE — BRUXELLES

PRÉFACE

Les leçons de l'histoire ont leur intérêt et leur profit.

Quand le présent est trop dur et trop irritant, on aime à en sortir pour se réfugier dans le passé où, personnes et choses ayant perdu leurs aspérités, il est plus facile de vivre. D'autant plus qu'on y trouve, même sans les chercher, de graves enseignements, des motifs d'espérance, souvent une ligne de conduite qui relèvent notre courage et nous permettent d'envisager avec calme et sang-froid les difficultés de toute nature, auxquelles nous sommes continuellement en butte.

A elle seule, cette raison justifierait le travail que nous offrons au public. Mais nous nous proposons un autre but, c'est d'apporter à l'histoire de *1812* une modeste contribution en publiant quelques pages de tout point remarquables sur le séjour des Français à Moscou et l'incendie de la ville. Elles sont extraites des archives paroissiales de l'église Saint-Louis des Français qui sortait à peine des embarras et des *formalités, encore plus compliquées qu'aujourd'hui, d'une première fondation. La Paroisse française ne date en effet que de 1789, et prit humblement naissance dans une chambre de l'appartement occupé par le Vice-Consul de France. Il nous plaît d'en rappeler la modeste origine.*

C'était sous le règne de Catherine II, la Grande. Un traité de commerce, conclu entre Sa Majesté Impériale et le roi de France le 31 décembre 1786, déclarait dans son article 3 qu'en vertu de la tolérance consentie à l'égard de tous les cultes, les Français résidant en Russie jouiraient de la liberté de conscience et pourraient « pratiquer librement les rites de leur religion, célébrer le service divin conformément à leurs usages dans leurs maisons et leurs églises, sans que jamais on y mette obstacle. » Les sujets russes en France jouiraient de la même liberté et pourraient également célébrer leurs offices dans leurs propres maisons. Le même article accordait aux deux nations contractantes la réciprocité absolue d'acquérir des immeubles, destinés à cette fin, et leur en assurait la libre propriété.

En vertu de ce traité, le 5 août de l'année 1789, racontent les annales paroissiales, la Colonie française ayant à sa tête M. de Bosse, chargé des affaires du Vice-Consulat de France, résolut de former une communauté particulière et de constituer une église où le culte catholique pût être célébré selon les usages de sa nation. Elle nomma ses représentants, syndics et adjoints, et fit par la voie hiérarchique sa demande officielle à laquelle l'*Impératrice* donna son assentiment (1). En attendant que l'on fût en mesure d'acheter un emplacement pour y élever une église, on érigea dans la maison du Vice-Consul une chapelle provisoire qui fut bénite le 10 mars 1790 par M. l'abbé Pesmes de Matignicourt, prêtre de Châlons-sur-Marne, nommé desservant de la nouvelle paroisse et dûment autorisé par Mgr l'Archevêque de Mohileff.

La paroisse était fondée. Mais il fallait l'organiser, la développer, créer des œuvres, assurer l'avenir, ce qui nulle part ne va sans difficultés et surtout dans un pays de foi hétérodoxe, par conséquent jalouse, hostile. Les ressources faisaient défaut ; la Colonie française, peu nombreuse à cette époque, dut s'imposer d'énormes sacrifices, d'abord pour soutenir le modeste édifice qui lui servait de temple, ensuite pour l'agrandir, le meubler, l'entourer d'un terrain plus vaste et subvenir aux frais toujours considérables qu'entraîne le fonctionnement d'une paroisse à ses débuts.

Mais le zèle, le dévouement et surtout l'entente des nouveaux paroissiens firent face à toutes les exigences. Ils triomphèrent des difficultés matérielles en payant généreusement de leur bourse et de leur personne ; ils s'affranchirent de tutelles gênantes et parvinrent à

1. « *Pierre Dmitrievitch, la réponse préalable faite par vous à la requête des Français domiciliés à Moscou, demandant la permission de bâtir une église du rite romain, est approuvée par Nous.* » (Oukase de S. M. l'Impératrice Catherine II adressé au Général Eropkine, commandant en chef à Moscou, le 5 décembre 1789.)

conquérir une légitime indépendance dont ils ne pouvaient se passer, en choisissant des pasteurs éclairés qui, forts de cette confiance bien méritée, défendirent avec autorité et persévérance leurs droits méconnus. Moins d'un quart de siècle après sa fondation, l'église Saint-Louis des Français, grâce au dévouement de ses fidèles, avait franchi les étapes particulièrement laborieuses de tout ce qui commence, jouissait d'une pleine autonomie et pouvait sans trop de crainte envisager l'avenir, quand tout à coup éclatèrent les terribles événements de 1812.

Il y avait alors à la tête de la paroisse l'homme providentiel qu'il faut dans les graves circonstances pour résister et empêcher de périr ce qui doit être sauvé. Il s'appelait l'abbé Adrien Surugue. Émigré et venu en Russie sur les instances de l'abbé Nicolle, ancien préfet d'humanités au collège Sainte-Barbe, il était précepteur chez le comte Moussine Pouchkine, quand il fut élu curé selon les formes usitées par les paroissiens réunis, puis confirmé le 17 octobre 1807 et investi des pouvoirs de juridiction par l'autorité ecclésiastique. Il occupa sa charge jusqu'au 21 décembre 1812, l'année terrible pour les Français aussi bien que pour les Russes, et mourut, plein de mérites, à l'âge de 68 ans, regretté de tous ceux qui l'avaient connu et avaient pu apprécier ses hautes vertus, sa science, sa prudence et sa profonde piété. Son acte de décès le qualifie de « très digne prêtre, Docteur en théologie, de la maison et de la société de Sorbonne, ancien principal du collège royal de Toulouse, cha-

noine de la collégiale de Pilsen au diocèse de Vilna ».

FAÇADE DE L'ÉGLISE St-LOUIS DES FRANÇAIS.

Animé d'un zèle et d'une activité tout apostolique et

charitable, en même temps ferme, énergique, il contribua beaucoup à asseoir sur des bases solides la nouvelle paroisse, à la rendre indépendante et autonome, à lui assurer les droits essentiels qu'on lui contestait et régler quantité de choses qui ne l'étaient pas ou dérogeaient aux lois et coutumes de l'Église. En peu de temps il accomplit beaucoup de bien et quand, plus tard, sous son successeur, il s'agit de fonder un Asile pour les vieillards et d'assurer son fonctionnement par une quête annuelle, la Paroisse, convoquée à l'effet de prendre un engagement, le fit pour « honorer les vertus chrétiennes de feu Adrien Surugue, curé de Saint-Louis ». C'était rendre à la mémoire du vénérable pasteur un hommage touchant et bien mérité. Son nom, d'ailleurs, est resté vivant et populaire. Quand on évoque le passé, c'est surtout cette figure sacerdotale, énergique, austère, qui se détache en relief et attire l'attention.

C'est l'année même, quelques mois avant sa mort — et les douloureuses angoisses que supporta l'abbé Surugue n'y furent pas étrangères — qu'éclatèrent les terribles événements de 1812. A l'apogée de sa puissance, Napoléon, poursuivant son rêve de domination universelle et ses conquêtes, déclarait la guerre à la Russie et se jetait sur ce vaste empire avec une armée de plus de six cent mille hommes et près de quatorze cents canons. Le 8 mai il quitte Paris, le 7 septembre il livre la célèbre bataille de la Moskowa, connue en Russie sous le nom de Boroddino, et huit jours après il fait son entrée dans la vieille capitale des Tzars.

Tous les historiens et d'innombrables chroniqueurs ont raconté en détail les phases de cette héroïque campagne qui ne fut qu'un épisode de la gigantesque épopée Napoléonienne, surtout l'occupation de Moscou, l'incendie éclatant aux quatre coins de la ville (1), la retraite et les graves conséquences qui en résultèrent autant pour le sort de la Grande Armée que pour la suite des événements. Néanmoins, personne n'était plus à même et mieux en situation que l'abbé Surugue de parler en connaissance de cause de ce qui s'y passa quand, les Russes ayant abandonné leur ville, les Français y entrèrent presque sans coup férir. Il le fit en témoin impartial, quoique profondément ému, le cœur partagé entre divers sentiments, souvent opposés, dont le principal était celui qui l'avait retenu à son poste, le sentiment de ses responsabilités et l'amour de ses ouailles. C'est une page d'histoire écrite sur les ruines encore fumantes de la vieille capitale Moscovite, si vraie, si éloquente dans sa simplicité qu'on sent qu'elle a été vécue, comme il se dit aujourd'hui. Une actrice française, témoin oculaire de ces terribles événements dont elle faillit être victime, Madame Louise Fusil, dans ses « Souvenirs » qui ne sont pas sans portée historique, n'attribue qu'une valeur rela-

---

1. *Le fameux H. Beyle, qui voyait tout en dilettante et en sceptique, l'appelait « le plus bel incendie du monde, un spectacle imposant. Il aurait fallu, ajoutait-il, être seul ou entouré de gens d'esprit pour en jouir. Ce qui a gâté pour moi la campagne de Russie, c'est de l'avoir faite avec des gens qui auraient rapetissé le Colisée et la mer de Naples ».*

tive aux nombreux ouvrages publiés sur l'incendie de Moscou. « Les particularités qu'on y trouve, dit-elle, sur ce qui s'est passé dans l'intérieur de la ville, depuis le départ des Russes jusqu'à l'entrée des Français, sont généralement inexactes. Les étrangers renfermés dans Moscou ont pu seuls en parler avec connaissance de cause. Celui qui a donné les détails les plus intéressants, c'est l'abbé Surugue, curé de l'église catholique. »

Un ancien syndic de la Paroisse, M. Ladrague, d'une érudition vaste et sûre, qui, sous l'anagramme d'A. Gadaruel, publia en 1871, à Bruxelles, une « Relation du séjour des Français à Moscou et de l'incendie de cette ville en 1812 par un habitant de Moscou », auquel nous ferons d'utiles emprunts, avait eu entre les mains le récit de l'abbé Surugue. Il en faisait grand cas et regrettait beaucoup d'avoir négligé d'en prendre une copie avant de le réintégrer à son ancienne place dans les archives paroissiales. L'abbé Béesau, alors curé de Saint-Louis des Français, avait promis de la lui délivrer, mais il se ravisa et reprit sa parole, voulant, dit-il, s'en servir pour un travail qu'il avait l'intention de publier sur l'église et ses pasteurs.

Mais la preuve la plus convaincante que ce document avait une importance considérable et pouvait devenir un témoin gênant, c'est qu'il disparut et qu'on le retrouva dans les papiers de l'ancien Gouverneur général de Moscou. Dans le registre, au bas de la page précédant immédiatement le récit de l'abbé

Surugue, on lit en effet la note suivante écrite d'une autre main que celle du curé de Saint-Louis : « Ce qui a été soustrait de ce livre contenait une relation trop hasardée de ce qui s'était passé à Moscou lors de l'arrivée de Bonaparte ». Et, plus loin, deux lignes signées : L'abbé Chibeaux, curé Prévot de Saint-Louis : « Restitué au livre les feuilles retrouvées à force de démarches dans les papiers de M. le Comte Rostopchine qui avaient été, contre tout droit, ôtées du livre ». Ces feuilles, comprenant sept pages et demie, très serrées, avec des surcharges et des ratures, sont rattachées au registre par un cordon muni à ses deux extrémités d'un cachet en cire rouge.

C'est, nous le répétons, un document précieux et, de plus, inédit. Il ne faut pas le confondre avec une publication faite en 1821 (Paris, imprimerie F. Didot, in-octavo, 44 pages) et intitulée « Lettres sur la prise de Moscou en 1812 », ni avec la réédition de cet opuscule ayant pour titre : Lettres sur l'incendie de Moscou, écrites de cette ville au R. P. Bouvet, de la Comp. de Jésus, par l'abbé Surugue, témoin oculaire et curé de l'église Saint-Louis à Moscou (2ᵉ édition, Paris, Plancher, 1823, in-octavo de 48 pages). Le premier opuscule, tiré à 25 exemplaires en papier vélin et 5 en papier ordinaire, n'a qu'un faux-titre, au verso duquel se trouvent neuf lignes servant d'avertissement, signées : Màlartic. Ces lettres sont au nombre de deux et adressées au P. Bouvet, Jésuite. La seconde édition, qui ne diffère de la première que par la préface, fut faite en 1823 uniquement pour servir de contrôle à « La vérité sur l'incendie de Moscou par le Comte Rostopchine » (Paris, Ponthieu, 1823, in-octavo, 48 pages). Ces brochures, tirées en très petit nombre, sont introuvables et peuvent être considérées comme inédites. Elles le sont moins que l'écrit dont il s'agit ici, lequel n'a reçu aucune publicité.

Il est bon, il est utile, il est juste de ne pas le laisser dormir plus longtemps dans le sommeil de l'oubli, ne serait-ce tout d'abord que pour faire revivre la mémoire de l'un de nos plus éminents prédécesseurs de Saint-Louis de Moscou. Ensuite, nous approchons du mémorable centenaire qui ne passera pas inaperçu, au moins en France et en Russie, et, en provoquant d'autres recherches et des travaux plus approfondis, suscitera peut-être de nouvelles polémiques. Quels qu'en soient l'objet et l'importance, nous sommes sûr qu'elles se tiendront dans les régions sereines d'une discussion courtoise et n'auront rien des violences passionnées d'autrefois. Le temps est un merveilleux dictame dont la Providence se sert pour cicatriser les plaies vives et transformer en amitiés durables les haines les plus invétérées. Que ce soit par calcul politique et une meilleure compréhension de leurs véritables intérêts ou par un mouvement d'instinctive générosité, peu importe, les deux nations se sont tendu cordialement les mains et ont signé un traité de paix qui exclut tout retour sur le passé, sauf pour regretter les atrocités inévitables de la guerre et exalter l'héroïsme des deux peuples.

Un temple d'une magnificence rare s'élève à Moscou et une procession religieuse se fait chaque année le dimanche le plus proche du 12 octobre pour célébrer la délivrance du pays ; mais il n'y a là qu'un sentiment très louable de patriotisme et, de la part d'un peuple resté profondément chrétien, un acte de foi bien légitime envers Celui de qui relèvent tous les empires. Comme aussi il ne viendra à l'esprit de personne d'attribuer un sens de défi ou de provocation au modeste monument qui rappelle le souvenir de nos gloires et de nos désastres. Longtemps après les sanglantes batailles de l'invasion et les effroyables souffrances de la retraite, la Colonie française de Moscou songea à honorer la mémoire de ces innombrables victimes. Elle acheta un terrain au cimetière des Étrangers et y fit ériger une colonne funéraire, qui porte en relief une croix de la Légion d'honneur et les inscriptions suivantes :

MILITAIRES FRANÇAIS
MORTS EN 1812 :

et plus bas :

Érigé par la Colonie française en 1889.

En outre, sur un bloc de granit on lit :

AUX MORTS DE 1812
la Colonie française de Moscou, 1889.

Il avait été question d'y élever une chapelle où chaque année, dans le mois et au jour anniversaire, de ces sanglantes hécatombes, on aurait offert le sains

LE TEMPLE DU SAINT SAUVEUR.

sacrifice pour le repos de leurs âmes. Mais ce projet échoua et l'on se contenta d'une stèle qui fut inaugurée solennellement le 15 octobre 1889. Au mois de juin, quand l'accomplissement d'une pieuse fondation nous amène au cimetière, il nous est doux de bénir ce coin de terre et d'évoquer le souvenir de ces héros obscurs et trop négligés, pour appeler sur eux les inépuisables miséricordes divines. C'est ainsi que, morts et vivants, tout nous convie à oublier les vieilles querelles et à leur substituer les avantages d'une alliance durable qui profitera autant à la prospérité qu'au bon renom et à l'honneur de la France.

Puissent ces quelques pages y contribuer !

Moscou, le 1|14 septembre 1909.

Il nous a semblé bon et utile de compléter le texte de l'abbé Surugue et de l'éclairer par des notes extraites d'ouvrages faisant autorité dans la matière, tels que :

Relation du séjour des Français à Moscou et de l'incendie de cette ville en 1812, *par un habitant de Moscou, suivie de divers documents relatifs à cet événement, le tout annoté et publié par* A. GADARUEL (*Ladrague*). *Bruxelles, chez Fr. J. Olivier, libraire, 1871.*

Histoire de la Colonie française de Moscou, *depuis les origines jusqu'à 1812, par* F. TASTEVIN. *1908. — Paris et Moscou.*

Mémoires du Général Rapp, *aide de camp de Napoléon. Paris, Garnier.*

Napoléon et la Campagne de Russie, *par* L. TOLSTOÏ. *Paris, Flammarion.*

Etc., etc...

MONUMENT DES SOLDATS FRANÇAIS MORTS EN 1812.

Ad perpetuam rei memoriam

SÉJOUR DES FRANÇAIS A MOSCOU

La marche rapide de l'armée française depuis son entrée sur le territoire de Russie, la prise de Smolensk et les journées sanglantes du 24 et du 26 septembre (1), après lesquelles les troupes russes se replièrent sur Moscou, semblaient mettre à découvert le système de guerre adopté par le gouvernement russe. On ne pouvait opposer à un ennemi aussi supérieur par sa tactique et le nombre de ses troupes qu'une mesure militaire seule capable de l'arrêter dans sa marche, c'était de changer sa route en un désert continuel et de le combattre par la famine et les rigueurs d'un climat inconnu. Ce fut par une suite de cette politique qu'on livra à la flamme et au pillage tout ce qui se trouva sur son passage et qu'on laissa les Fran-

---

1. Il y a là une erreur évidente, qu'on ne saurait expliquer. Ce n'est pas septembre, mais août qu'il faut lire.

çais s'enfoncer dans l'intérieur d'un pays enne-

LE KREMLIN VU DU CÔTÉ DE LA RIVIÈRE.

mi, au travers de déserts couverts de cendres,

dans l'espoir de les vaincre en leur coupant la retraite.

Le 1ᵉʳ septembre (v. s.), l'armée russe par convention s'était retirée brusquement sur la route de Wladimir, en traversant la ville de Moscou dans la nuit du 1ᵉʳ au 2 septembre.

Le 2 à six heures du matin ,le gouverneur général de Moscou, Son Excellence M. le Comte Théodore Vassiliévitch de Rostopchine, avait rassemblé toute la police de la ville et tous les employés subalternes dans sa maison située dans la Loubianka (1). Les prisons ayant été ouver-

1. La maison du Comte Rostopchine, appartenant aujourd'hui à la Compagnie d'assurances de Moscou, a ses deux façades, la principale sur la Grande Loubianka, l'autre sur la Petite Loubianka, en face de l'église Saint-Louis des Français. Il possédait encore à Sokolniki, près des barrières, une datcha ou maison de campagne et sa magnifique résidence de Voronovo qu'i incendia de ses propres mains pour qu'elle ne fût pas « souillée par la présence des Français ». (De Ségur et Colonel Biot.) Le caractère et le rôle du terrible Gouverneur de Moscou, longtemps discutés, violemment attaqués par les uns, portés aux nues par les autres, n'ont pas encore, après un siècle, acquis cette calme précision que donnent l'éloignement et le recul. M. Tastevin semble bien résumer assez impartialement ce qui a été dit et écrit de lui: « C'était un homme énergique, à l'esprit original et primesautier, facilement impressionnable, d'une éducation raffinée, mais avec des survivances de barbarie et des sautes brusques de caractère, pour tout dire un impulsif. Les opinions sur son compte variaient beaucoup. Les uns voyaient en lui un homme supérieur, providentiel, presque l'égal de Napoléon, le seul capable de lui tenir tête, les autres redoutaient beaucoup l'emportement de son caractère et le considéraient

tes par son ordre, deux détenus seuls sont réservés pour comparaître devant lui : le sieur Vereschaguine, fils d'un marchand russe, qui avait été convaincu d'avoir traduit une proclamation de Napoléon, qui annonçait son arrivée très prochaine à Moscou, et un Français, nommé Mouton, accusé d'avoir tenu des propos indiscrets et contraires aux intérêts de l'Etat. Le gouverneur général, après avoir tout disposé pour le départ, fait avancer le premier de ces malheureux au milieu des dragons de la Police : « Russe, indigne de ton pays, lui dit-il, tu as osé trahir ta patrie et déshonorer ta famille ; ton crime est au-dessus des punitions ordinaires : le knout et la Sibérie ; je te livre à toute la vengeance du peuple que tu as trahi. Frappez le traître, qu'il expire sous vos coups ! » Le malheureux expire, percé d'une grêle de coups de sabre et de baïonnettes ; on lui lie les pieds avec une longue corde et son cadavre sanglant est traîné par toutes les rues, au milieu des outrages de la populace.

comme un brouillon capable de tout gâter. D'autres, enfin, voyaient en lui l'incarnation même de l'âme russe, la personnification du sentiment national. Dans le bas peuple il s'était rendu populaire, car il savait se mettre à sa portée et trouver, au moment psychologique, le mot juste capable d'enflammer les masses ». (La Colonie franç. de Moscou.)

Ensuite le sieur Mouton est appelé : « Pour vous, qui êtes Français, lui dit le Général Gouverneur, gardez-vous bien de jamais tenir aucun propos contraire aux intérêts d'un pays qui vous a accueilli avec bienveillance. » Celui-ci voulant se justifier, le Gouverneur Général lui impose silence en ajoutant : « Retirez-vous, je vous pardonne, mais lorsque vos brigands de compatriotes seront arrivés, racontez-leur comment nous punissons les traîtres à la patrie ». En même temps, il donne l'ordre pour le départ et s'avance lui-même, escorté de toute la police et de tous les employés subalternes, en prenant la route de Wladimir (1).

1. Voici ce que raconte M. A. Gadaruel, dans une note de l'ouvrage signalé, sur la mort de ce malheureux : « Le récit du meurtre de Vereschaguine se trouve à peu près partout. Ce malheureux, m'a-t-on dit, était employé à la poste ; ayant traduit de vive voix, dans un endroit public, une des nombreuses publications que Napoléon lançait devant son armée, il fut dénoncé et traduit devant le comte Rostopchine. Celui-ci, après de violents reproches, le frappa de son sabre, disent les uns, se contenta de le livrer à la populace, disent les autres. En un clin d'œil la foule se rua sur lui et le massacra ; son corps pantelant fut attaché par les pieds à la queue d'un cheval et traîné dans les rues, suivi par la foule hurlante. Ce drame eut lieu à la Loubianka, devant la maison du comte Rostopchine ; le funèbre cortège descendit le pont des Maréchaux, passa par la Petrowka, le Stolechnikoff Péréoulok, la T'verskaïa, le marché, et le corps fut jeté dans le cimetière d'une petite église, derrière le Pont des Maréchaux, où il fut enterré. Lorsque Moscou se releva de ses ruines, l'administration décida le percement d'une rue qui est

Vers les dix heures du matin, la ville de Moscou, qui semblait presque entièrement déserte, offrait l'aspect d'une vaste solitude. Au bruit de la marche tumultueuse de l'armée, avait succédé un silence mêlé d'horreur, qui devait être le triste avant-coureur de quelque grande calamité. Aussitôt, on débite de toutes parts que l'arsenal est ouvert, que les armes sont au pillage, que les échappés des prisons y accourent pêle-mêle avec la populace, pour s'armer. Les portes et les caves des cabarets avaient été enfoncées dès la veille, et l'eau-de-vie ruisselait encore dans les rues. De quel sentiment de terreur furent frappés les étrangers et les citoyens paisibles, qui étaient restés, en pensant à ce qu'ils avaient à craindre dans une ville sans police, sans autorités quelconques, abandonnée à toute la malveillance de gens pervers et mal intentionnés? Chacun, renfermé sévèrement dans

aujourd'hui la rue Sainte-Sophie (Sopheïka) ; cette église fut supprimée et l'on procéda à l'enlèvement des restes qui se trouvaient dans le cimetière remplacé par la rue. Le corps de Vereschaguine fut retrouvé à peu près intact, ce qui n'avait rien d'étonnant, vu la nature du terrain. Cependant le peuple s'en émut et beaucoup de gens considérèrent ce malheureux comme un martyr ; l'autorité coupa court à toute agitation, en faisant sagement enlever nuitamment ces tristes restes, et il ne fut plus question de rien. Je tiens ces renseignements d'un témoin oculaire.»

LE KREMLIN EN 1786.

sa maison, mesurait avec une impatience mêlée d'effroi l'intervalle qui devait s'écouler entre le départ d'une armée et l'arrivée de l'autre.

Enfin, environ vers les cinq heures du soir, le son des trompettes se fait entendre; l'avant-garde des troupes françaises s'avance. Le roi de Naples (1) s'établit au delà de la Yaousa, dans la maison de M. Balachoff, le reste des troupes se répand successivement dans les différents quartiers, et vers le soir une compagnie des grenadiers de la Nouvelle Garde Impériale, postée au Pont des Maréchaux, détache cinq hommes pour servir de sauvegarde à l'église de Saint-Louis. L'empereur Napoléon, ne voyant arriver au-devant de lui aucune députation, aucune des autorités constituées, passe la première nuit près de la barrière de Smolensk (2).

1. Murat, détrôné en 1814, voulut tenter l'année suivante « un retour de l'Ile d'Elbe », mais, sa tentative ayant échoué, il fut fusillé au Pizzo, dans la Calabre, le 13 octobre 1815.

2. La barrière de Dorogomilovo. Il y a là une izba, dite de Koutouzoff, à quelque distance de la barrière, près du village de Fili, transformée actuellement en une sorte de musée historique où l'on a réuni des objets et ustensiles se rapportant aux événements de 1812, tels que meubles, voitures, estampes, etc. C'est là que se tint le conseil de guerre, après la bataille de Borodino, où les généraux russes décidèrent d'abandonner Moscou sans livrer combat. Une curiosité du musée est le banc rustique sur lequel s'assirent les généraux russes pendant le conseil. Que Napoléon ait couché là avant de faire son entrée à Moscou, c'est plutôt de la légende.

Mais déjà commençait à s'exécuter un projet enfanté dans l'enthousiasme du patriotisme, celui de sacrifier la ville de Moscou au salut de l'Empire, et de préparer un bûcher à l'armée française en incendiant cette immense cité. Depuis plusieurs semaines, on avait établi à Vorontzow, maison de campagne de M. le prince de Repnine, située à six verstes de la ville, une espèce d'arsenal, où se fabriquaient des pièces de feux artificiels, des fusées à la Congrève, et d'autres instruments destinés à l'exécution du grand projet. Pour dissiper ou prévenir les inquiétudes et soupçons du peuple, un bulletin du gouverneur général avait annoncé d'avance qu'on préparait un grand ballon aérostatique, au moyen duquel on était assuré de détruire toute l'armée ennemie. Quelques jours avant l'arrivée des Français, on avait fait l'essai de ces pièces d'artifices; on ne parlait que d'incendie, les uns avec un air de mystère, les autres plus ouvertement. L'empressement des habitants les plus distingués à s'éloigner de la ville annonçait quelque projet sinistre. Le jour même de l'évacuation de Moscou par les Russes, un globe de feu, qui avait éclaté dans le quartier de la Yaousa, semblait donner l'éveil aux habitants; une maison avait été la proie des flammes, tandis que d'un autre côté, près du Pont de Pierre, le grand magasin d'eau-de-vie, appartenant à la Couronne, (Vinny Dvor) était en feu et on se voyait forcé de sacrifier une partie de ce dépôt pour conserver le reste. Mais le même jour, vers les onze heures du soir, le feu s'étant manifesté avec la plus grande violence dans les boutiques situées près de la Bourse, ces magasins qui étaient remplis d'huile, de suif et d'autres matières combustibles, devinrent un foyer inextinguible. On demande les pompes de la ville, on ne les trouve nulle part; le bruit se répand que la police les a fait emporter ainsi que tous les instruments destinés à remédier aux incendies; on cherche à éteindre le feu d'un côté, il éclate de l'autre avec plus de violence.

Le mardi 3, un vent du nord-ouest s'élève, l'incendie se propage et toutes les boutiques sont en feu. Napoléon était venu dès le matin s'établir au Palais du Kremlin; il n'avait pas été peu frappé de voir au-dessous de lui un incendie aussi considérable et il avait donné des ordres pour éteindre le feu. Mais quelle dut être sa surprise, lorsqu'on lui rapporta que le feu se manifestait dans plusieurs endroits à la fois, qu'on débitait hautement que le projet avait été formé de livrer la ville aux flammes et de ne laisser aux Français pour conquêtes que des monceaux de cendres. Napoléon ne put croire d'abord à un parti aussi extrême, mais, le nombre des incendiaires pris sur le fait, leurs dépositions recueillies avec soin et leurs aveux uniformes ne laissant plus aucun doute à cet égard, on condamna plusieurs d'entre eux à être fusillés. C'étaient, dit-on, pour la plupart des employés de la police, des Cosaques déguisés, des soldats, soi-disant blessés, et des personnes attachées aux écoles de Théologie qui regardaient cette œuvre comme méritoire devant Dieu.

Cependant la populace brisait avec violence les portes et enfonçait les caves des boutiques menacées du feu. Le sucre, le café, le thé furent bientôt au pillage, puis les cuirs, les bottes, les objets de quincaillerie, ensuite les pelleteries, les étoffes et enfin tous les objets de luxe. Le soldat, qui d'abord n'avait été que tranquille spectateur, devint bientôt partie très active. Les magasins de farine furent pillés; le vin et l'eau-de-vie inondèrent toutes les caves; en un mot la ville fut en proie à un fléau plus terrible que le feu.

En effet, le projet d'incendier la ville une fois bien constaté comme une mesure de guerre employée par le gouvernement russe, le pillage devenait comme une représaille inévitable de la part d'un ennemi qui se voyait frustré de l'espoir dont on l'avait flatté. Eh! quel dédommagement offrir à des troupes exténuées par trois mois de fatigues et de combats, éprouvées par des privations de tout genre et assurées par des promesses solennelles de trouver à Moscou la fin de leurs souffrances, le remède à leurs maux, la ressource universelle à tous leurs besoins? Mais aussi que n'avait-on pas à craindre d'une arme aussi terrible entre les mains d'un soldat furieux et avide de vengeance? Il n'y eut aucune distinction entre le Français et le Russe, l'étranger et le compatriote, tout fut dépouillé de la manière la plus indigne. Ceux que le feu avait épargnés ne purent échapper au pillage; le brigandage fut porté à un tel excès que plus d'un individu regretta de n'avoir pas été enseveli, avec tout ce qu'il possédait, sous les cendres de sa maison (1).

1. Le Général Gourgaud, dans son « Examen critique de l'ouvrage du Comte Ph. de Ségur », cite plusieurs extraits des lettres de l'abbé Surugue au P. Bouvet qui sont généralement conformes à la relation que nous publions. Certains passages néanmoins en diffèrent un peu, soit pour le texte, soit pour l'esprit qui les anime; d'autres ne s'y trouvent pas. Nous reproduisons ces derniers à titre d'éclaircissements : « On a remarqué que la population de Moscou avait joué le plus grand

L'incendie de la ville continuait ses ravages : la Tverskaïa était en feu et avait commencé à embraser la Nikitskaïa ; une partie de la Pakrowka était pareillement en proie aux flammes, lorsqu'un vent qui s'éleva du nord-ouest accéléra d'une manière prodigieuse les progrès du feu.

En effet, le mercredi 4 au matin, il n'y avait plus dans toute l'enceinte des boutiques que les maisons des librairies et autres contigües à l'Ouprava Blagotchinié, qui eussent échappé aux flammes, tout le reste était consumé. Une fusée fut même jetée sur un des bâtiments du Kremlin, dans la vue, sans doute, d'incendier

rôle dans le pillage ; c'est elle qui a découvert les caves les plus secrètes aux soldats français pour partager le butin, c'est elle qui a introduit les cosaques chez les particuliers, au départ des Français, et les paysans de Moscou, qui venaient prendre part au brigandage, emportaient chez eux et enfouissaient tout ce qu'ils pouvaient... Une chose bien digne de remarque, c'est que le pillage, provoqué par le besoin, fut alimenté et excité par l'infidélité des gens de maison, qui pour la plupart trahirent leurs maîtres en indiquant les entrepôts et les caves secrètes afin de partager le butin ; et, après le départ des Français, la populace de Moscou et des environs a laissé des traces ineffaçables de son insatiable avidité. Les Français, grâce à la sauvegarde qu'on nous avait donnée à leur arrivée, ont respecté notre enceinte. Elle avait été intacte jusqu'à l'entrée des cosaques qui les ont remplacés, sans qu'il y eût aucune autorité pour les comprimer. Je suis fort heureux, pour mon compte, d'en avoir été quitte pour quelques couverts d'argent, bouteilles de vin, provisions de sucre, etc. Grâce au Ciel, l'église Saint-Louis échappa au pillage, mais elle ne put éviter la visite des cosaques à leur retour. »

cette enceinte; mais le feu fut étouffé aussitôt par l'activité de la garde impériale; alors Napoléon qui se voyait entouré de feux de toutes parts, pénétrant le dessein des incendiaires, crut devoir prudent d'abandonner le Kremlin pour se retirer au palais de Petrovsky (1).

Vers les quatre heures du soir, le vent changea et souffla du sud-ouest avec toute la violence d'un ouragan. Le feu, qui avait été mis à quelques maisons au delà de la Yaousa et de la Moskorika, étant alimenté par le vent, se développa avec une telle activité qu'on croyait voir un volcan immense, dont le cratère embrasé vomissait des torrents de flammes et de fumée. C'était un déluge de feu, qui consuma en moins de quelques heures tous les quartiers au delà des deux rivières, toute la Salianka, tandis que d'un autre côté la Mokhovaïa, la Pretchistenka, l'Arbate, offraient le même spectacle. Il faut en avoir été témoin pour s'en faire une idée. On ne

1. Le château de Pétrowsky Parc est à quatre kilomètres environ du centre de Moscou. Construit d'abord en 1776, sous le règne de l'Impératrice Catherine II, il servit de refuge à Napoléon et, après son départ, il devint la proie des flammes. Ce n'est qu'en 1840 qu'il fut reconstruit dans le style mauresque tel qu'on le voit aujourd'hui. Pétrowsky Parc, planté de beaux arbres, rempli de gracieuses villas, entourées de jardins, est une des promenades les plus fréquentées de Moscou pendant l'été.

rencontrait partout que des malheureux chargés

CHATEAU DE PÉTROWSKI PARK (État actuel).

des tristes débris qu'ils avaient arrachés aux

flammes, poussant des cris lamentables et qui ne semblaient avoir échappé au feu que pour tomber entre les mains de brigands qui les dépouillaient sans pitié. Un grand nombre de ces infortunés se rendit au camp de l'Empereur, à Pétrovsky, pour implorer sa bienveillance. Napoléon parut s'attendrir sur leur sort et leur promit de s'occuper des moyens d'y remédier. Plus de quatre cents d'entre eux furent recueillis avec autant de zèle que de générosité dans la maison de Krasnoïdvoretz à la Porte-rouge et y trouvèrent non seulement un asile assuré, mais encore des soins et des subsistances.

Le jeudi 5, le vent qui était directement à l'ouest, continuant à souffler avec la même impétuosité que la veille, porta des nuages de feu de la Sretenka sur toutes les Miestchanskaïa et la Trouba, enveloppa successivement dans le même tourbillon une partie de la Miasnitskaïa, la Porte-rouge, le Marché au bois, la vieille et la nouvelle Bassemannaïa, enfin la Slobode allemande tout entière. Une mer de feu inondait tous les quartiers de la ville : les ondulations de la flamme agitée par le vent imitaient parfaitement celles des vagues soulevées dans une tempête. Les infortunés habitants de la Slobode, poursuivis de place en place par les flammes, furent obligés de se réfugier dans les cimetières situés au delà de l'hôpital militaire où ils ne se croyaient pas même en sûreté. En voyant ces malheureux, la pâleur et le désespoir peints sur leurs visages, au milieu des tombeaux éclairés par le reflet des flammes, on croyait voir autant de spectres sortis de leurs sépulcres (1). Plusieurs furent accueillis avec humanité par le roi de Naples, qui s'était établi à l'hôtel du Comte Alexis Razoumovsky et qui leur fit distribuer quelques secours, mais bien insuffisants pour tant de monde. Pendant ce temps, le feu embrasait la partie basse de la Pétrowka et consumait toute la partie des boutiques adjacentes au bas du Pont des Maréchaux. La flamme, poussée par le vent, menaçait de franchir tout l'espace du pont et de dévorer toutes les boutiques qui sont au delà en remontant vers la Loubianka. Déjà les habitants de ce quartier, chacun le paquet sur le dos, semblaient préparés à ce dernier sacrifice, lorsque la Compagnie des fusilliers de la

1. « Dans l'église Saint-Louis tout était dans la plus profonde consternation ; tous les malheureux réfugiés dans cette enceinte, le paquet à la main et résignés à leur sort, s'étaient présentés chez moi pour recevoir la dernière absolution. Je les priai de différer encore, en promettant de les avertir quand il serait temps. Je me transporte aussitôt au lieu du danger ; je n'y arrivai que couvert d'étincelles et de brandons enflammés. » (Lettre de l'abbé Surugue.)

nouvelle Garde Impériale, s'étant munie de seaux, arrosa avec tant d'activité les toits des maisons les plus exposées, qu'ils prévinrent les atteintes du feu, jusqu'à ce que la flamme, s'étant abattue par la chute des toits embrasés, le vent eut moins de prise pour communiquer le feu. Ce fut le salut de tout ce quartier, qui est resté le plus intact de la ville et qui est compris dans une courbe tirée depuis la naissance du Pont des Maréchaux, en remontant par la Rojestinska, puis tirant à droite le long du boulevard de la Miasnitskaïa jusqu'à la Pakrowka, et de la Pakrowka le long du boulevard de la Marosseïka, qui se termine au bas du Pont des Maréchaux. L'église de Saint-Louis, qu'une étincelle eût suffi pour dévorer, fut préservée par une protection miraculeuse de la Providence (1). Vers les trois heures du matin, le ciel se

1. Madame L. Fusil, dans ses « Mémoires », raconte en le dramatisant un épisode qui fait grand honneur au caractère et au cœur de l'abbé Surugue: « L'enceinte de l'église formait un terrain assez spacieux qui était rempli de petites maisons en bois, où les étrangers peu fortunés trouvaient un asile en tout temps. Pendant que la ville était en feu, les soldats la parcouraient pour piller. Tout ce qui restait de femmes, d'enfants, de vieillards se réfugièrent dans le temple. Lorsque les soldats se présentèrent, l'abbé Surugue fit ouvrir les portes, et, revêtu de ses habits sacerdotaux, le crucifix dans les mains, entouré de ces malheureux dont il était le seul appui, il s'avança avec assurance au-devant de ces furieux, qui reculèrent avec respect...

couvrit de nuages et la pluie abondante, qui tomba le reste de la nuit, ayant calmé le vent, l'activité du feu se ralentit. Il n'échappa à cette tempête que trois maisons dans la nouvelle Bassmanaïa, la plus grande partie du Gorokovoepolé et la rue Démidova, qui conduit au jardin d'été.

Le vendredi 6, la pluie qui continua à tomber ayant abattu le vent, l'incendie parut éteint; néanmoins, le soir, le feu se manifesta encore dans quelques endroits, mais avec moins de violence.

Le samedi 7, Napoléon crut alors pouvoir rentrer avec plus de confiance dans le palais du Kremlin. Vers le soir, la flamme consuma encore quelques magasins à la Porte de la Tverskaïa. Les premiers soins de Napoléon furent donnés aux malheureux de toutes les classes; il ordonna qu'on nommât des syndics pour faire connaître tous ceux qui se trouvaient sans asile et sans subsistance. Il fit ouvrir des maisons de refuge, pour recevoir les incendiés, et

---

L'abbé Surugue ayant demandé une sauve-garde pour préserver toutes ces malheureuses familles, elle lui fut promptement accordée. L'empereur Napoléon voulut le voir et lui fit toutes les instances possibles pour l'engager à rentrer en France : « Non, lui répondit-il, je ne veux pas quitter mon troupeau, car » je peux lui être encore utile. » Quoique les vivres fussent très rares, on en envoya à l'abbé Surugue, qui les distribua comme un bon pasteur ».

promit de leur faire distribuer des rations. Voyant que la maison des Enfants-Trouvés avait échappé à l'incendie, il fit appeler le directeur, M. le Général Toutolmine, se fit rendre compte de l'état de la maison, lui demanda de vouloir bien en faire son rapport à Sa Majesté Impériale, Madame l'Impératrice mère, qu'il se chargea d'expédier par une estafette. (Ce rapport est resté sans réponse).

L'Empereur s'occupa ensuite du soin des Hôpitaux qui, pour la plupart, avaient été préservés de l'incendie. Mais quel fut son étonnement, lorsqu'on lui rapporta que ces maisons se trouvaient presque toutes dans le plus grand dénuement des secours nécessaires, sans médecins, sans remèdes, sans surveillants; qu'on avait trouvé une quantité prodigieuse de morts, que sur plus de quinze mille blessés, arrivés récemment de l'armée, la moitié avait péri, les uns dans les flammes, les autres faute de secours, et que le reste luttait entre le besoin et la mort. On donna ordre aussitôt à tous les chirurgiens de l'armée française d'établir une administration de secours, pour tous les genres de malades, en les distribuant dans des maisons convenables et de faire des rapports exacts de l'état de ces malheureux. D'un autre côté le Maréchal

Mortier, gouverneur général de la ville, et M.

LA MAISON DES ENFANTS TROUVÉS.

le Général de Division, Comte de Milhaud, Commandant de la place, eurent l'ordre d'organiser une municipalité et une administration de police pour ramener le calme dans la ville et lui procurer des subsistances; mais les lenteurs ordinaires qu'entraînent ces sortes d'opérations au milieu du tumulte des armes, et les entraves qu'éprouvent les administrations naissantes, rendirent leurs services à peu près nuls. Enfin, pour mieux dissimuler l'embarras dans lequel il se trouvait pour s'être engagé imprudemment dans un pays ennemi, sans aucune espèce de ressources, Napoléon voulut persuader à ses soldats que son intention était de passer l'hiver à Moscou; il fit rassembler tous les débris de la troupe française, qui étaient restés, pour en composer son théâtre impérial et on convoqua tout ce qu'il y avait encore de musiciens, pour lui donner des concerts.

Le dimanche 8, on commença à respirer et à croire que le calme allait enfin succéder à l'orage. Mais quel calme! Dans la première semaine personne n'avait osé sortir de sa maison sans se voir exposé à être dépouillé publiquement. Les malheureux incendiés en avaient fait la triste expérience. La deuxième semaine du séjour des Français n'inspira pas plus de confiance; j'en appelle aux témoins oculaires qui, pour la plupart, furent autant de victimes. Durant l'incendie, ce qui échappa à la première activité du feu ne devint plus la proie des flammes, mais il n'en fut pas de même du pillage ; ce qui avait échappé à l'avidité du soldat dans ses premières recherches devint encore l'objet de sa cupidité insatiable (1). Il ne respecta ni la pudeur d'un sexe timide ni l'innocence de

1. « On ne trouvait plus dans les rues de Moscou que des militaires furetant dans les avenues des maisons, enfonçant des portes, des fenêtres, des caves, des magasins ; tous les habitants cachés dans les lieux les plus secrets se laissaient dévaliser par le premier venu qui venait les attaquer. Ce qui a rendu surtout ce pillage affreux, c'est l'ordre méthodique avec lequel il a été accordé successivement à tous les corps d'armée. Le premier jour, ce fut la vieille garde impériale ; le lendemain, la nouvelle (jeune) garde ; le jour suivant, le corps du maréchal Davoust ; et ainsi de suite, tous les corps campés autour de la ville vinrent nous visiter chacun à leur tour, et vous pouvez juger combien les derniers étaient difficiles à satisfaire. Pendant huit jours, à peu près sans discontinuer, ce régime a continué ; on ne peut bien s'expliquer l'avidité de ces gaillards qu'en considérant leur propre détresse. Des gens sans souliers, sans pantalons, des habits en lambeaux, voilà le sort de tout ce qui ne composait pas la garde impériale ; aussi, lorsqu'ils retournaient dans leurs camps, travestis de toutes les manières, ils n'étaient reconnaissables que par leurs armes. Ce qui est affreux à penser, c'est que les officiers eux-mêmes étaient en quête de maisons pour piller comme leurs soldats ; d'autres, moins déhontés, se contentaient de piller dans leur logement ; il n'y avait pas jusqu'aux généraux qui, sous prétexte de réquisition pour leur service, faisaient enlever, partout où ils les trouvaient, les choses à leur convenance, ou bien ils changeaient de logement pour aller piller une nouvelle demeure. » (Gadarnel, op. cit.)

l'enfant au berceau, ni les cheveux blancs de la vieillesse; et les tristes lambeaux de la misère dérobés à la flamme devinrent encore un appas pour des hommes chargés des dépouilles de leurs frères.

Les églises avaient été abandonnées par je ne sais quel esprit de politique ou d'aveuglement. Pendant deux semaines entières le son d'aucune cloche ne s'était fait entendre dans une ville où les temples étaient si multipliés. On ne rencontrait aucun pope, on ne voyait aucune trace de culte religieux; le peuple, au milieu des horreurs de la calamité la plus désastreuse, n'avait pas même la consolation de pouvoir épancher son âme au pied des autels de son Dieu et d'implorer la seule ressource qui reste aux malheureux. Les sentinelles préposées à la garde d'Israël étaient ou cachées ou en fuite.

On doit à la vérité de l'histoire d'ajouter ici que les autorités constituées, loin de s'être opposées à l'exercice du culte national, donnèrent des ordres pour découvrir les popes et les engager à reprendre leurs fonctions; on en trouva quelques-uns, mais ils se défendirent de célébrer leur office sous différents prétextes. Quelques-uns, sans doute, avaient un motif très légitime, puisque leurs églises avaient été brûlées.

On offrit aux autres tous les secours nécessaires pour reprendre l'exercice de leur ministère, mais soit crainte soit tout autre motif politique secret, on ne put en déterminer que trois ou quatre au bout de trois semaines. Cependant un seul s'offrit volontiers à exercer son ministère. C'était un pope étranger, aumônier du régiment des Chevaliers-Gardes qui, au moment du passage de l'armée russe par Moscou, ayant été retenu par des affaires particulières, avait été sur-surpris par l'arrivée des troupes françaises. Il se présenta chez le Commandant qui lui donna une sauvegarde pour prévenir tout tumulte. Comme un protopope de Moscou avait fait craindre à celui-ci qu'on ne le forçât à prier pour Napoléon, au lieu de prier pour Alexandre Ier, et de substituer le nom du Pape à celui du Saint-Synode, le pope voulut s'en assurer auparavant et le Commandant de la place, à qui il exposa sa crainte à ce sujet, lui dit de ne pas changer un seul mot à sa liturgie ordinaire et de continuer à prier pour Alexandre Ier, son légitime souverain. Le pope se disposa en conséquence à célébrer l'office le lendemain dans l'église d'Eupla-Diacone, et on entendit pour la première fois depuis 15 jours le son des cloches dans la ville de Moscou. Le peuple accourut en foule à l'église, montra la plus grande ferveur et, comme c'était le jour anniversaire du sacre d'Alexandre Ier, on y chanta le *Te Deum* à cette occasion... Aussi, que devait-il résulter de cet abandon inconcevable? Les vases sacrés, les images, tous les monuments consacrés par la piété des fidèles furent ou enlevés ou traînés indignement dans les places publiques.

On a vu des lieux saints transformés en boucheries, en corps de garde et en écuries. Le soldat ne se fit aucun scrupule d'employer aux usages les plus profanes des lieux qu'on avait cru pouvoir ou abandonner à sa discrétion ou livrer aux flammes. Enfin la sainteté inviolable des tombeaux fut violée! Jamais ville prise d'assaut ne fut témoin de pareils excès, et l'officier français lui-même a avoué que, depuis l'époque de la Révolution de France, jamais l'armée française ne s'était rendue coupable d'un désordre aussi horrible, et il en rejeta la faute sur les troupes étrangères et surtout sur les Polonais qui croyaient avoir des raisons particulières pour se venger. Toutes les rues étaient jonchées de cadavres humains, étendus pêle-mêle avec ceux des chevaux et autres animaux qui avaient péri de besoin ou dans les flammes.

Cependant l'Empereur Napoléon, qui d'abord

n'avait toléré, dit-on, le pillage que pour dérober aux flammes ce qui leur avait été livré et par-

CATHÉDRALE DE VASSILI BLAJENOÏ (État actuel).

ticulièrement les subsistances, ne put dissimuler ses regrets à la vue de la licence de ses troupes; il donna les ordres les plus sévères pour arrêter le pillage et la peine de mort fut décrétée contre les réfractaires. Mais quelle digue pouvait-on opposer au torrent? Le crime fut puni, mais le brigandage ne put être réprimé. Plus d'une fois l'officier frappa de mort le soldat rebelle; il ne put rien obtenir. Les nouvelles autorités constituées, qui avaient ordre de rassurer les habitants des campagnes circonvoisines et de les engager à procurer des fourrages et des subsistances à la ville, échouèrent dans leurs tentatives. Aucun paysan ou presqu'aucun ne se hasarda impunément de transporter ses denrées à la ville; il se vit dépouillé en entrant aux barrières; on lui enleva denrées, cheval et voiture; et il se crut trop heureux d'en être quitte à pareil prix. Ces événements souvent réitérés ne laissaient aucun espoir d'approvisionner la ville. La disette était extrême et le besoin le plus urgent rendait le soldat plus insolent envers les officiers. Les particuliers ne vivaient que de ce qu'ils obtenaient de l'humanité du militaire ou des services qu'ils rendaient. Les pommes de terre et les choux qu'on pouvait se procurer étaient la ressource la plus ordinaire. Les nouveaux magistrats étaient peu respectés; les mesures qu'ils proposaient étaient non suivies; ce qui en détermina quelques-uns à renoncer à un emploi qui leur paraissait inutile. On sentit, mais trop tard, la nécessité de préposer des gardes aux magasins de farine, de vin et d'eau-de-vie que l'on découvrait. Si, dès le principe, les autorités constituées se fussent emparées de ces magasins en établissant un certain ordre pour les subsistances, la ville de Moscou eût été à l'abri du besoin pendant l'hiver entier (1), mais cette mesure n'ayant été employée qu'après le pillage, il dut en résulter une dilapidation monstrueuse, et la famine en était la suite nécessaire.

D'un autre côté, la cavalerie manquait de fourrage, et cela seul était un principe de destruction pour l'armée française; les cavaliers, obligés de s'éloigner jusqu'à 30 et 40 verstes aux environs de la ville pour se procurer des provisions, étaient surpris par des partis de Cosaques répandus tout autour de Moscou, et la plupart du temps les cavaliers et les chevaux échouaient dans ces sortes d'entreprises. Ces per-

---

1. « Il fallait tout bonnement prendre le parti le plus simple et le plus facile à exécuter : ne pas permettre à l'armée d'aller à la maraude, préparer les vêtements d'hiver, — il y en avait à Moscou pour toute l'armée — et rassembler les vivres, qui se trouvaient en telle quantité qu'ils auraient suffi à nourrir les troupes françaises pendant au moins six mois ». (L. Tolstoï : Campagne de Russie).

tes réitérées devinrent plus sensibles, à la fin. Napoléon feignit de vouloir cantonner sa cavalerie dans les maisons de campagnes distantes de 15 ou 20 verstes de Moscou, mais toutes les campagnes circonvoisines étaient épuisées ou brûlées; la saison de l'hiver s'annonçait par des temps pluvieux. L'insubordination du soldat inspira de justes craintes; on débita qu'on avait envoyé un parlementaire à l'armée russe, mais ces tentatives ayant été apparemment sans succès, on dut se déterminer à abandonner Moscou. On mit la plus grande activité à expédier des convois de blessés et de malades sur la route de Smolensk; on donna ordre de préparer une grande quantité de biscuit; les rations qui avaient été promises aux indigènes retirés dans les maisons de refuge, n'ayant pu avoir lieu, vu l'extrême disette, l'empereur fit mettre 50 milles roubles en cuivre à la disposition des syndics chargés du soin de ces malheureux. La répartition qui en fut faite assignait à chacun environ 90 roubles, mais la difficulté de transporter une monnaie aussi pesante ayant exigé des soins et des lenteurs incompatibles avec la précipitation du départ des Français, cette distribution a été presque sans effet, et le secours

IVAN-VÉLIKI EN 1809.

promis comme illusoire (1). Ce fut la populace de Moscou et les paysans des environs qui profitèrent le plus de ce don : plusieurs d'entre eux entraînèrent des chariots de cuivre ou les enfouirent dans des magasins secrets.

Enfin, le dimanche 6 octobre, à quatre heures du soir, on bat la générale et les troupes ont ordre de se préparer au départ; une heure après, une partie des régiments se met en marche et Napoléon quitte le Kremlin après avoir fait enlever la croix de la Tour Ivan-Véliki qu'il

1. « Cette monnaie de cuivre était énorme ; elle était frappée à la valeur de 5 copecks (avec des subdivisions) la pièce; chaque pièce, pesant près d'un quart de livre, formait un disque ou palet. Le rouble d'argent à 100 copecks, unité monétaire, vaut 4 francs ; donc 5 copecs en cuivre valaient 20 centimes, et certes ils les valaient bien et au delà, valeur marchande. Le numéraire étant rare, dès le temps de l'Impératrice Catherine II, (peut-être avant, mais je ne puis parler avec connaissance de cause que du papier que j'ai vu) on créa du papier-monnaie. Les fluctuations et la dépréciation de ce papier bouleversèrent les rapports de ce signe représentatif avec les monnaies en métaux précieux. Toutes ces perturbations s'opéraient sur les rapports du papier avec l'or et l'argent, mais le cuivre, monnaie du bas peuple, resta avec sa dénomination. Lorsque le rouble argent valut quatre roubles assignat, représentant alors 400 copecks, le copeck cuivre resta copeck; de sorte que pour un rouble argent, soit quatre roubles assignats, on recevait 80 de ces grosses pièces au lieu de 20 que l'on recevait primitivement. Inutile de dire qu'il n'en est plus de même maintenant. Je me suis laissé dire que des capitaines de navires marchands avaient fait de grandes fortunes en exportant cette monnaie pour la fondre. » (A. Gadaruel).

fit expédier en France comme un monument de sa conquête (1). Le lendemain, le maréchal Mortier, duc de Trévise, transporte son domicile et sa chancellerie dans le Palais du Kremlin; tout ce qui reste de troupes au nombre de cinq mille hommes se concentre dans cette enceinte; on expédie à la hâte les derniers convois de malades; le mardi 8, un parti de Cosaques pénètre

1. « Nous apercevions, du salon, les ouvriers qui travaillaient à enlever la croix du grand Ivan. — Voyez quelle nuée de corbeaux voltigent autour de cette ferraille ! Veulent-ils aussi nous empêcher de l'emmener ? J'enverrai cette croix à Paris ; je la ferai placer sur le dôme des Invalides. » (Mémoires du G. Rapp, aide de camp de Napoléon). M. d'Ysarn et Gadaruel, celui-ci en note, donnent d'autres prétextes à cet enlèvement. « On ignorait le motif qui avait poussé à enlever la croix d'Ivan-Véliki, enlèvement qui se fit avec beaucoup de peine ; le voici : Un général polonais, très instruit de tout ce qui avait rapport à l'histoire de Russie, dit un jour à Bonaparte qu'il existait parmi les Russes un dicton : qu'aussi longtemps que la croix serait sur le clocher d'Ivan-Véliki, les Français ne viendraient pas à Moscou ; que le dicton soit vrai ou faux, l'enlèvement de la croix fut ordonné pour justifier l'arrivée des Français à Moscou. » — « J'ai entendu émettre une autre raison de l'enlèvement de cette croix. Les Français avaient été frappés à la vue de ces coupoles dorées. Quelqu'un leur dit que cette grande croix qui ornait le dôme de la tour d'Ivan-Véliki était en or massif, et ce fut la cupidité qui en décida l'enlèvement. Qu'est-elle devenue ? il est certain qu'elle n'arriva pas en France, et jamais les Moscovites ne la revirent. Il est présumable qu'elle est enfoncée dans la vase de quelque cours d'eau, peut-être de la Bérésina. » Le colonel Biot pense qu'elle fut jetée, au moment de la Retraite, dans le lac qui s'étend près de Semlewo, non loin de Smolensk.

par la Tverskaïa et veut percer jusqu'au Kremlin ; les Français se rassemblent et forcent ceux-là à se replier. Quelques jours auparavant le palais de Pétrovsky, que l'on voyait servir de retraite aux Cosaques, fut livré aux flammes et, bientôt après, la maison de M. le Comte de Rostopchine à Sakolniki éprouva le même sort.

Enfin, le jeudi 10, le départ général est annoncé (1), et le soir les troupes commencent à

1. Deux officiers russes s'étaient avancés jusque dans la Tverskaïa en se signalant comme parlementaires ; l'officier de poste les avait fait accompagner avec escorte chez le Maréchal Mortier qui leur déclara que, ne s'étant fait annoncer ni par un trompette ni par un officier subalterne, selon les lois de la guerre ils sont prisonniers de droit, et qu'il allait les faire conduire au quartier général de l'Empereur Napoléon : c'était MM. Ventzingorod, lieutenant général, et Léon Alexandrovitch de Narichkine, chef d'escadron de hussards. (Note de M. l'abbé Surugue). Le Général Rapp donne sur cet épisode des détails intéressants :

« La retraite était interceptée ; nous nous jetâmes à droite sur Véréia ; nous y arrivâmes le lendemain de bonne heure, nous y couchâmes. C'est dans cette ville que Napoléon apprit que le Kremlin était sauté. Le général Wentzingorod n'avait pas assez contenu son impatience ; il s'était aventuré dans cette capitale avant que nos troupes l'eussent évacuée : elles le coupèrent ; il essaya de leur faire croire qu'il venait parlementer ; il était né sur le territoire de la Confédération, il ne se souciait pas d'être fait prisonnier; il le fut cependant, en dépit du mouchoir blanc qu'il agitait. Napoléon le fit venir et s'emporta avec violence ; il le traita avec mépris, le flétrit du nom de traître, et le menaça de lui en faire infliger le supplice ; il me dit même qu'il fallait faire nommer une commission pour instruire le procès de Monsieur sur-le-champ : il le fit emmener

LA TOUR IVAN-VÉLIKI APRÈS L'INCENDIE.

défiler vers les 7 heures; à 11 heures, le Kremlin et la ville étaient entièrement évacués. On s'attendait à quelque événement sinistre; la nuit même de ce départ, en effet, vers les deux heures du matin, une explosion épouvantable suivie d'une commotion générale se fait entendre : c'était l'arsenal du Kremlin qui venait d'être enseveli sous ses ruines par l'effet d'une mine; dans le même temps le Palais des Tsars est en feu et devient la proie des flammes. Cette première explosion occasionna une secousse telle que presque toutes les vitres de la ville furent brisées, que deux femmes en furent les mal-

par des gendarmes d'élite et donna ordre de le mettre au secret. Wentzingorod chercha plusieurs fois à se disculper, mais Napoléon ne voulut pas l'entendre. On a prétendu dans l'armée russe que ce général avait parlé avec courage et dit des choses très fortes à l'Empereur : cela n'est pas; l'anxiété était peinte sur sa figure; tout en lui exprimait le désordre d'esprit où l'avait jeté la colère de Napoléon. Chacun de nous s'efforça de calmer ce prince; le roi de Naples, le duc de Vicence surtout, lui firent sentir combien, dans la situation des choses, la violence envers un homme qui cachait son origine sous la qualité de général russe serait fâcheuse : il n'y eut pas de conseil de guerre et l'affaire en resta là. Quant à nous, Wentzingorod ne dut pas se plaindre du traitement que nous lui fîmes; sa position nous inspirait à tous de l'intérêt. Son aide de camp fut traité avec beaucoup de bienveillance. Napoléon lui demanda son nom : « Narischkine, répondit le jeune officier. — Narischkine ! Quand on s'appelle ainsi, on n'est pas fait pour être l'aide de camp d'un transfuge. » Nous fûmes navrés de ce manque d'égards; nous cherchâmes tous les moyens imaginables de le faire oublier au général. »

heureuses victimes : l'une fut étouffée et l'autre fut surprise par les douleurs de l'enfantement. Trois autres explosions moins considérables que la première détruisirent la porte du Kremlin vis à vis de la Nikolsky et les tours extérieures du Kremlin (1).

Les Français, en évacuant Moscou, abandonnèrent à la générosité de leurs ennemis plus de deux mille blessés français qui se trouvaient à l'Hôpital de Galitzine et à celui des Enfants-Trouvés (2). Après le départ des Français, on

1. « Vers les quatre heures du matin, je fus éveillé par une forte secousse, et dans le même instant tout Moscou fut terrifié par la plus terrible détonation qu'on puisse imaginer. Les fenêtres brisées, les cris des femmes, l'épouvante générale, l'impossibilité de chercher un refuge, la crainte d'être écrasé sous la chute des maisons, jetaient tout le monde dans une consternation inexprimable. — En un clin d'œil je fus environné ; je rassurai tout le monde qui était autour de moi, en leur faisant observer que nous avions moins de danger à courir dans une maison de bois, qui cédait à la commotion, que dans une maison de pierre qui pouvait crouler. Je préparai les esprits à de nouvelles explosions ; à une demi-heure d'intervalle environ, il y eut une nouvelle explosion, moins forte que la première, puis encore trois dans des temps plus rapprochés, et ce fut tout. » (Gadaruel, op. cit.)

2. Le général de Vaudoncourt, dans ses *Mémoires*, raconte qu'en rentrant à Moscou le 23 octobre, les Russes « trouvèrent dans les trois hôpitaux environ quatorze cents malades ou blessés russes et six cent cinquante malades ou blessés français qui étaient trop faibles pour avoir pu être transportés avec leurs camarades. Une partie de ces derniers fut cependant

leur déclara qu'ils étaient prisonniers de guerre; une partie de ces malheureux, qui s'étaient enivrés, ayant voulu suivre l'armée furent tous surpris par des paysans qui les massacrèrent (1).

jetée sur des chariots pour être traînés à Twer ; mais ils périrent tous de froid et de misère, ou assassinés par les paysans chargés de les conduire, qui les égorgeaient pour prendre leurs habits. Le reste fut laissé dans les hôpitaux avec les chirurgiens français qui étaient restés pour les soigner ; mais on ne leur donna ni vivres ni médicaments ».

1. « Bientôt parurent les premiers Cosaques suivis d'une multitude de paysans qui cherchaient les traînards de l'armée française ; ils en trouvèrent beaucoup dans les rues, les cours, dans l'intérieur des maisons, les massacrèrent impitoyablement ou les jetèrent vivants dans les commodités, comme les Français avaient fait de leurs propres blessés de l'hôpital des Enfants-Trouvés, qu'on jetait dans les puits de la cour à mesure qu'ils mouraient. Le samedi au matin parut enfin un maître de police, M. Helman ; alors tout le monde respira et l'ordre commença à se rétablir.

» J'oubliais de vous citer un fort beau trait de la part d'un officier russe blessé et retenu prisonnier. Le départ des Français lui avait rendu la liberté ; il logeait dans la maison des Enfants-Trouvés où étaient les blessés français. Pour les mettre en sûreté, il entre dans les salles, son bras en écharpe, et leur crie : — Soldats, vous êtes tous mes prisonniers, l'armée est partie, je vous somme de vous rendre ! — Comment! comment! nous ne nous rendrons pas. Camarades, aux armes ! — En effet, plusieurs de ces malheureux sortent de leur lit, s'habillent, prennent leurs armes et veulent sortir. M. de Krivtsoff, officier aux chasseurs de la garde, s'oppose à leur départ, leur représente le danger qu'ils courent s'ils se montrent au dehors. Il y eut plusieurs de ces malheureux qu'il fut impossible de retenir ; mais à peine dans les cours, ils furent massacrés. Ce triste spectacle rendit les autres plus circonspects et ils consen-

LE KREMLIN APRÈS 1812.

Telle fut la destinée de l'ancienne capitale de la Russie, de la ville la plus grande d'Europe. Elle était à proprement parler la résidence commune de la noblesse russe; son commerce intérieur était immense; c'était l'entrepôt le plus considérable des marchandises nationales; on comptait au nombre des établissements qu'elle renfermait une université célèbre, des instituts multipliés pour l'éducation de la jeunesse de toutes les classes, un grand nombre de monastères d'hommes et de femmes, des hôpitaux ouverts à toutes les infirmités humaines, plus de trois cents églises aussi célèbres par leur ancienneté que par les monuments que la piété des fidèles y avaient consacrés; on comptait avant l'incendie environ 9,300 maisons, plus de 800 hôtels de Seigneurs, où l'art le disputait à la richesse des ornements. Aujourd'hui, en calculant les maisons qui ont échappé aux flammes on peut

---

tirent à se rendre prisonniers. Alors leur ange tutélaire descendant dans la cour, va au-devant des Cosaques et de la foule ; s'adressant à l'officier cosaque qui se trouvait en tête, il lui dit : Je vous déclare que les blessés qui sont ici sont mes prisonniers; personne n'a le droit de les toucher. Le chef des Cosaques veut employer la force ; M. de Krivtsoff s'avance vers lui, se nomme et exige que l'officier en fasse autant, le prévenant que s'il passe outre, il sera responsable de tout. Cette fermeté produit de l'effet ; les Cosaques et la populace se retirent, et les blessés sont sauvés ». (Gadaruel, op. cit.)

en évaluer le nombre à peu près à un cinquième de la ville (1).

1. Au sujet des ravages causés par l'incendie, M. Tastevin résume tous les renseignements épars dans une foule d'ouvrages, et donne une nomenclature très exacte des quartiers dévorés ou épargnés par les flammes. Nous lui empruntons une partie de ce document important. « Voici, au moment du départ de la Grande Armée, ce qui restait de Moscou : dans le quartier de Rogojskaïa, dans les rues Taganka, Salianka et au Kitaï-Gorod toutes les maisons avaient été incendiées ou détruites. La Varvarka ne comptait pas une seule maison debout. La Tour Spasky (du Sauveur) au Kremlin avait été démantelée par les explosions, mais l'image miraculeuse qui surmontait la porte n'avait pas souffert. Sur la Place Rouge, jusqu'à la porte Iversky (d'Ibérie) les boutiques avaient brûlé des deux côtés. Au Kremlin, l'arsenal et la muraille avoisinant la porte Nikolsky avaient été détruits par l'explosion. Il était impossible de pénétrer de ce côté au Kremlin, la porte Spasky étant fermée et la porte Nikolsky obstruée par les débris de la flèche qui s'était écroulée... A l'intérieur du Kremlin, le Palais Impérial offrait un monceau de ruines ; le grand escalier était couvert de paille et de débris de légumes. Le Palais à Facettes avait été incendié et les ruines fumaient encore le jour de la rentrée de l'armée russe à Moscou. Les deux cathédrales étaient intactes, mais le clocher d'Ivan Véliki, du côté de l'Escalier Rouge, était fendu. Les clochers attenant à Ivan Véliki ne présentaient plus qu'un entassement de briques, de pierres et de plâtras où se voyaient des cloches, des croix et des poutres. Ces décombres couvraient la place à une grande distance. La partie de la muraille regardant la Moskva avait été démolie, sans doute pour faciliter l'accès de la rivière dans laquelle les Français avaient jeté une masse de canons. La Place du Sénat était couverte d'une litière de papiers, de parchemins, de livres provenant des archives du Gouvernement. Les Français se servaient de ces papiers pour confectionner des cartouches. La moitié de l'arsenal, la plus rapprochée de la porte Nikolsky, avait sauté, l'autre moitié était devenue la

La perte que la Russie a éprouvée par l'incendie de Moscou est incalculable. Que de millions

proie des flammes. Le nouvel arsenal était intact, le Sénat aussi ; seulement les fenêtres avaient été brisées et tout l'intérieur saccagé. La maison du commandant n'avait pas souffert.

» En dehors du Kremlin, la Znamenka depuis la maison Pachkoff jusqu'à la maison Apraxine, avait brûlé tout entière. A la Pretchistenka, il ne restait que cinq maisons. L'Arbate et la Povarskaïa avaient été incendiées presque sur tout leur parcours. De la porte de la Nikitskaïa à la place de la Tverskaïa, tout le côté gauche de la rue avait brûlé; du côté droit, il ne restait debout que les maisons du prince Scherbatoff, de la comtesse Strogonoff, et deux ou trois bâtisses. La Tverskaïa, depuis la place jusqu'à la maison du Gouverneur, était intacte des deux côtés. Plus bas, elle avait brûlé sur tout son parcours jusqu'à la Mokhovaïa. L'Assemblée de la Noblesse n'était plus qu'un monceau de ruines ; la statue de l'impératrice Catherine, inaugurée cinq mois avant l'entrée des Français, gisait sur le sol. Les maisons qui formaient un des côtés de la place actuelle du Théâtre n'existaient plus. La maison Khomiakoff (en bois), au coin de la rue des Gazettes et en face du pont des Maréchaux, était intacte (seules les dépendances en briques avaient brûlé). La partie de la rue du pont des Maréchaux, comprise entre la maison Khomiakoff et l'ancien pont sur la Néglinnaïa, avait été détruite. Le reste de la rue, jusqu'à la Loubianka, n'avait pas souffert, (c'était dans cette portion que se trouvaient la plupart des boutiques françaises). La partie de la Loubianka où se trouvaient les maisons Kossatkine, du comte Rostopchine, de Solovoff, avait été épargnée. Il en était de même de la Miasnitskaïa jusqu'à la Poste, et du quartier compris entre cette rue et la Loubianka, quartier où se trouve l'église S.-Louis. Le traktir à l'angle de la place de la Miasnitskaïa était intact. De ce point jusqu'à la Porte Rouge, tout avait brûlé. Le palais de la Porte Rouge n'avait pas souffert. Dans la Basmannaïa jusqu'à Razgouliaï, l'incendie n'avait respecté que les maisons Anikieeff, du prince A. B. Kourakine, Alexandroff. De l'église de l'Ascension jusqu'aux ponts Dvort-

LE PALAIS IMPÉRIAL.
(État actuel.)

ensevelis sous des ruines! Que de richesses en tout genre réduites en cendres! Combien de chefs-d'œuvre à jamais perdus pour les arts! Nous ne parlons point ici des victimes nombreuses qui ont été la proie des flammes, ni des trésors enfermés dans les bibliothèques qui furent consumées par le feu. Nous ne nous permettrons pas même d'examiner si l'incendie de la ville de Moscou était une mesure absolument nécessaire pour obtenir le résultat qu'on se proposait; c'est une question dont l'examen appartient au tribunal impartial de la postérité. Nous nous contentons d'admirer le courage et le patriotisme d'un gouvernement qui nous a accueillis avec bienveillance et qui a acquis sur nos cœurs des droits à jamais inaltérables.

sovy et Soltikoff, le côté droit de la rue n'avait pas été atteint par le feu, tandis que le côté gauche avait brûlé en partie. La Sloboda allemande (ancien quartier des étrangers) n'offrait plus qu'une plaine désolée où se voyaient des cheminées noircies par le feu. L'église catholique avec toutes ses archives avait brûlé. De la porte d'Ilinka jusqu'à la place de la Pokrovka, les maisons étaient restées intactes des deux côtés; au delà, jusqu'à l'église de S. Nikite le Martyr, tout avait été incendié. Les églises restées debout permettaient seules de s'orienter, l'espace compris entre les grandes voies n'offrant plus que des terrains vagues couverts de débris noircis. Telle était l'œuvre conçue et exécutée par le génie sauvage du comte Rostopchine ». (La Colonie franç. de Moscou.)

ÉPILOGUE

Le registre paroissial, d'où nous avons extrait la relation de l'abbé Surugue, contient la note suivante :

« Le 19 août, M. le Curé de Saint-Louis, voyant la marche précipitée des troupes françaises sur le territoire de Russie, craignant que leur approche de Moscou n'interrompît la communication entre cette ville et celle de Pétersbourg, et que la dispersion des paroissiens qu'entraînerait cet événement aussi inattendu, ne nécessitât une extension de pouvoirs ecclésiastiques pour pourvoir aux besoins des fidèles dans les circonstances, avait écrit à Mgr le Métropolitain pour lui témoigner sa sollicitude à ce sujet; mais la réponse de S. E. n'a pu lui parvenir. — Les Français sont entrés en possession de Moscou le 2 septembre; bientôt la ville a été livrée aux flammes, et le désordre qui s'en est suivi, a mis le comble à la consternation et au malheur des habitants qui étaient restés dans la ville ».

La lettre dont il est question dans cette note n'a pas été retrouvée, mais le registre en contient une autre intégralement reproduite, écrite en latin et datée du 9 novembre, un peu plus d'un mois avant la mort du vénéré pasteur. Nous en donnons la traduction. C'est l'épilogue de ce dramatique récit.

Lettre de M. l'abbé Surugue, Curé de Saint-Louis des Français à Moscou, à Son Excellence Monseigneur l'Archevêque Métropolitain de Mohileff.

« Béni soit le Seigneur Dieu qui a daigné nous visiter au jour de notre tribulation et a sauvé ses serviteurs de cet ouragan de flammes qui a failli emporter presque toute la ville de Moscou.

» Pendant trois jours consécutifs, nous avons vécu en quelque sorte sous une coupole de feu dont une seule étincelle, tombée sur nous, devait inévitablement anéantir nos personnes et nos biens. Mais dans sa miséricorde le Tout-Puissant a regardé notre humilité et nous a préservés des flammes et des vents conjurés, de sorte que parmi les débris des maisons réduites en cendres le quartier de la ville que nous habitons est demeuré intact.

ÉPILOGUE

» Plût au ciel que le même sort eût été réservé

PLACE LOUBIANKA (État actuel).

à nos vénérables confrères de l'église des SS. Apôtres Pierre et Paul. Hélas! l'incendie du 5 septembre, qui consuma près de la moitié de Moscou, enveloppa dans la même ruine leurs deux églises, celle d'hiver et celle d'été, les ornements sacerdotaux, les registres paroissiaux et même quelques vases sacrés qui furent complètement détruits.

» On comprend que dans une situation aussi lamentable le troupeau se soit dispersé. Plusieurs Polonais sont partis pour la Lithuanie; quelques Allemands ont quitté la ville incendiée. Le R. P. Casimir Kazinakowski est retourné, dit-on, dans son pays; le R. P. Junckurt, chargé de la Paroisse, s'est transporté à Riazan, où l'appelaient un certain nombre de catholiques, pour leur prodiguer les consolations du saint ministère; le R. P. Marius Dormagen s'est installé avec un autel portatif dans le quartier des marchands de Nuremberg, aux extrémités de Moscou; le R. P. Hyacinthe Wolynikowski seul est resté dans la ville pour venir au secours des malheureux qui le réclament, et célèbre les Saints Mystères dans la maison de l'honorable M. Hilferdingh, ancien syndic de l'église SS. Pierre et Paul. Je me suis empressé d'offrir et de faire porter à nos vénérés confrères les ornements sacerdotaux, les saintes huiles et tout ce qui leur manque, ayant mis à plusieurs reprises notre église à leur disposition chaque fois qu'ils auraient quelque cérémonie ou quelque fonction ecclésiastique à remplir. Mon vœu le plus cher est qu'ils en usent avec le même empressement qui nous l'a fait offrir.

» Au reste, dans cette horrible tempête de calamités, nous devons remercier la grande bonté de Dieu, non seulement d'avoir intégralement sauvé du désastre notre église et tout ce qui concerne l'administration paroissiale avec le service divin, mais surtout d'avoir maintenu intacte la fidélité que nous devons à nos légitimes chefs et supérieurs. En effet, au milieu du fracas des armes, nous n'avons pas omis un seul jour les prières précédemment ordonnées « pour le temps de la guerre » et, dans les délicates conditions qui nous étaient faites par la présence des ennemis de l'Empire, il n'est rien survenu de nature à mettre en conflit notre foi, notre ministère et notre conscience.

» Environ quinze jours avant l'entrée de l'armée française à Moscou, j'avais écrit à Votre Excellence, comme c'est l'usage quand on prévoit des troubles et des dangers, pour lui demander une extension de pouvoirs dans l'exercice du saint ministère, non seulement person-

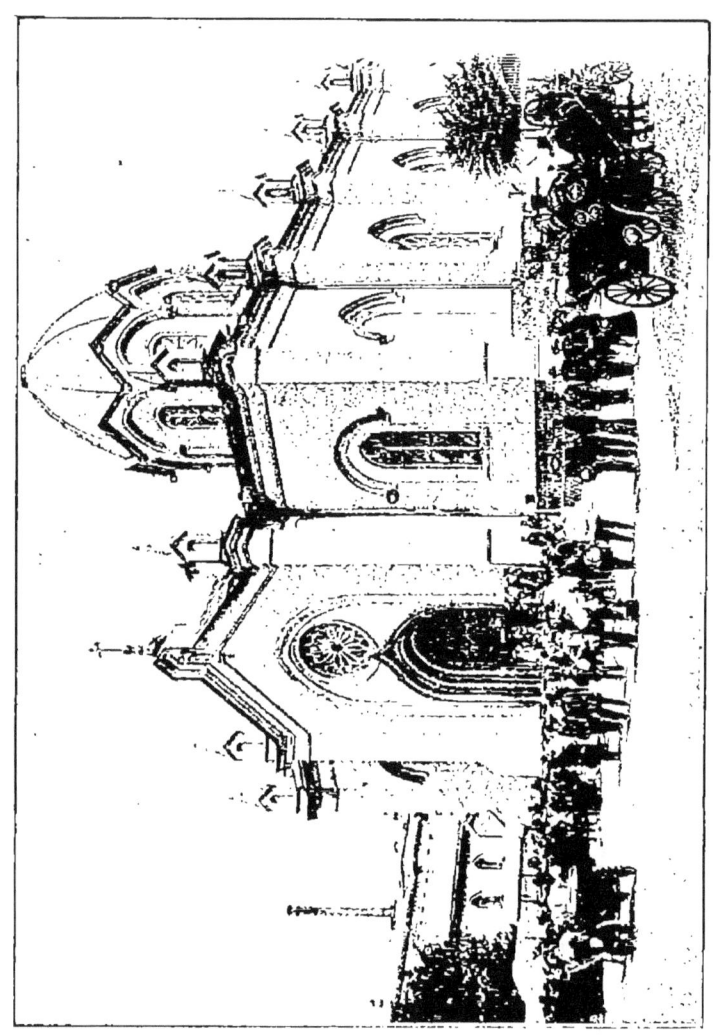

ÉGLISE ACTUELLE DES SS. APÔTRES PIERRE ET PAUL

nels mais délégables à nos vénérables frères dans le sacerdoce que la tempête déchaînée avait refoulés avec une partie de nos ouailles

INTÉRIEUR DE St-LOUIS DES FRANÇAIS.

jusque dans les provinces reculées, mais je ne reçus aucune réponse.

» Pour moi, quoique conscient des malheurs qui allaient fondre sur la ville, j'avais résolu et déclaré que je ne quitterais jamais mon poste, quoi qu'il advînt, à moins d'un ordre formel, et que j'étais déterminé à suivre le troupeau qu'on m'avait confié jusqu'au milieu des flammes, et que rien ne m'empêcherait de lui venir en aide dans de si grands périls. Et ce ne fut pas en vain, puisque le Dieu Tout-Puissant et miséricordieux combla de bénédictions célestes cette fermeté d'âme en nous arrachant, nous et nos biens, à la fureur de l'incendie, et provoqua parmi nos paroissiens de tels élans de piété qu'il devint évident que l'épreuve nous avait procuré d'innombrables grâces. Aussi, l'ennemi parti, je n'eus rien de plus à cœur que de chanter solennellement un *Te Deum* pour remercier Dieu d'une si grande et si inespérée protection.

» Pendant ce temps, à deux reprises, j'avais dû donner la bénédiction nuptiale, après deux publications seulement, présumant légitimement la dispense de la troisième. Les futurs époux, que d'ailleurs je connaissais de longue date, étaient forcés de quitter le pays. Je prie instamment Votre Excellence de vouloir bien ratifier et approuver tout ce que j'ai fait de ma propre initiative en exerçant le saint ministère dans des circonstances aussi malheureuses.

» Quel est le sort qui attend nos paroisses catholiques de Moscou? Il est difficile et superflu de le dire; toutefois, vu l'état de la ville et de tout ce qu'elle renferme, il n'est personne qui ne prévoie que la condition de ces paroisses sera difficile et incertaine. Dieu, qui tient dans ses mains toutes-puissantes la destinée des empires et dispose tout avec force et suavité, saura pourvoir à tout. Parmi les vœux et les prières que nous lui adressons du fond du cœur, le plus ardent est qu'il daigne conserver longtemps sain et sauf le très digne Pontife que le Saint-Esprit a préposé au gouvernement de notre Eglise.

» En attendant que Votre Excellence nous accorde sa bénédiction pastorale, que nous lui demandons avec instance, j'ose me dire, Illustrissime et Révérendissime Seigneur, votre très obéissant et très humble serviteur.

» Moscou, 9 novembre 1812.

» SURUGUE, curé de Saint-Louis de Moscou. »

TABLE DES MATIÈRES

Préface.	5
Séjour des Français a Moscou	19
Épilogue	63

www.ingramcontent.com/pod-product-compliance
Lightning Source LLC
LaVergne TN
LVHW051505090426
835512LV00010B/2348